BARBE-BLEUE

scénario : JACQUES MARTIN
dessins : JEAN PLEYERS

casterman

ISBN 2-203-32202-0

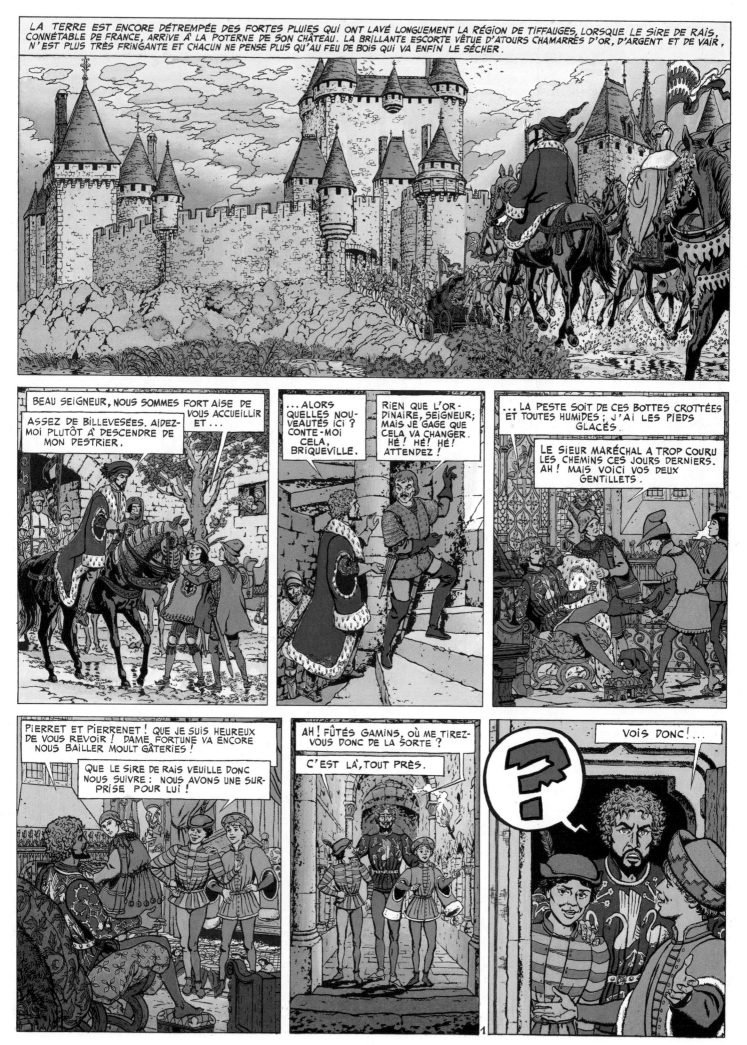

4

LA SURPRISE FUT TOTALE! LES GENS DE YOLANDE D'ARAGON SE DÉFENDIRENT À PEINE. NOTRE ASSAUT COUPA LA BELLE TROUPE EN PLUSIEURS TRONÇONS.

DANS SA VOITURE LA VIEILLE FEMME HURLAIT DE RAGE ET MENAÇAIT DES FOUDRES ROYALES. AH! AH! LA BELLE-MÈRE DU ROY!

LE TONNERRE DU ROY CHARLES, C'EST RIDICULE!... ALORS JE VINS SALUER LA MÉGÈRE QUI EN ME LUGNANT RESTA BOUCHE BÉE.

LE... LE MARÉCHAL!?... LE SIRE DE RAIS!?...

POUR VOUS DESSERVIR, MADAME!

MAIS NOUS N'AVIONS PAS CHEVAUCHÉ DE LA SORTE POUR PORTER DE TELLES SALUTATIONS À SI MÉCHANTE REINE. LE BUTIN S'ENTASSAIT ET IL ÉTAIT GRAND TEMPS DE S'ENCOURIR. AH! L'AMI, QUELLE QUANTITÉ DE BROCARDS, DE SOIES TISSÉES D'OR ET D'ARGENT, DE TAPISSERIES!...

MAIS POURQUOI CETTE AGRESSION? UNIQUEMENT POUR LE VOL, COMME VULGAIRES PILLARDS?...

OUI ET NON! POUR LE PLAISIR, SURTOUT... QUE VEUX-TU, L'AMI, DANS UN PAYS OÙ TOUT VA EN QUENOUILLE, POURQUOI PAS?... C'EST LA RAISON DU PLUS FORT.

TU JOUES AVEC LE FEU, GILLES!... REGARDE CELUI-CI QUI CRÉPITE, IL TE CONSUMERA PEUT-ÊTRE COMME CES BÛCHES...

...CAR TU DÉFIES TOUTES LES LOIS, GILLES, ET UN SOIR, DE CES FLAMMES, SURGIRA CELUI QUI T'AGRIPPERA POUR T'EMPORTER À JAMAIS...

LE DIABLE!!

HAAAH!

3

IL EST TEMPS DE TE REPENTIR, GILLES... ET SURTOUT DE CHANGER DE VIE, SINON CE FEU FINIRA PAR T'EMBRASER. Ô GILLES !

TAIS-TOI!

TAIS-TOI!... NE ME PARLE PLUS DE CELA, JAMAIS!... SI TU VEUX RESTER MON AMI, NE RECOMMENCE POINT SEMBLABLE FARCE.

JE FAIS TOUJOURS SELON MON COEUR, GILLES, NE L'OUBLIE PAS NON PLUS.

LE LENDEMAIN, DANS LA CHAPELLE, JHEN A DISPOSÉ DE SON MIEUX LES TENTURES ET TAPISSERIES DÉROBÉES À LA REINE YOLANDE.

DÉJÀ, LES JEUNES CHANTRES ET SERVANTS SONT EN PLACE, PRÈS DES ORGUES COMMANDÉES À NANTES ET LIVRÉES DEPUIS PEU.

ALORS ARRIVE LE PRÊTRE QUE LE MARÉCHAL DE RAIS A CONSACRÉ ÉVÊQUE SANS TELLEMENT SE PRÉOCCUPER DE CE QU'EN PENSENT LES CARDINAUX, EN FRANCE... ET LE PAPE, À ROME !

ENFIN, GILLES APPARAÎT. VÊTU TOUT D'OR ET DE BLANC, IL EST ENTOURÉ DE PIERRET, PIERRENET, GILLES DE SILLÉ, BRIQUEVILLE ET DE COMPAGNONS AUX ALLURES ÉTRANGES.

AH!JHEN, QUE VOICI FORT BEL AMÉNAGEMENT. CELA DONNE AGRÉABLE AVANT-GOÛT DE CE QUE SERA MA CHAPELLE ACHEVÉE, QUE DIS-JE, MA CHAPELLE, PLUTÔT MA COLLÉGIALE OU MÊME MON ÉVÊCHÉ.

POURTANT JE N'AI PAS SUSPENDU TOUTES CES TAPISSERIES À CET EFFET !

ÉCARTE CETTE FLAMME, JHEN! C'EST VILAINE PROVOCATION!

NON, CE FEU N'EST PAS POUR L'USAGE QUE TU IMAGINES. REGARDE !

7

LE LENDEMAIN, GILLES DE RAIS ET SON BRILLANT ÉQUIPAGE ARRIVENT EN VUE DE MACHECOUL, LE CHÂTEAU OÙ SON PÈRE EST MORT D'UNE BLESSURE DE SANGLIER.

AH! NOTRE BON CASTEL. JE SUIS BIEN AISE D'Y REVENIR.

ET UNE HEURE PLUS TARD...

SILLÉ, VA DONC QUÉRIR QUELQUE JOUVENCEAU POUR NOTRE PLAISIR. J'EN AI ÉTÉ GRANDEMENT PRIVÉ CES TEMPS-CI.

J'Y COURS, MONSEIGNEUR. MAIS J'IRAI UN PEU PLUS LOIN QUE LE VILLAGE À PROXIMITÉ.

OUI, HÂTE-TOI. CES FLAMMES DONT JHEN PRÉTEND QUE J'AI PEUR ACCUEILLERONT LES RESTES DE NOTRE FESTIN... HA! HA! HA!... MOI PEUR! HA! HA! DU DIABLE, OUI; MAIS DU FEU! QUELLE FARCE!

ALORS, EN FIN D'APRÈS-MIDI...

QUELS SONT CES GENS?

CEUX DE NOTRE SEIGNEUR, CELUI À LA BARBE-BLEUE.(1)

MAIS ARRIVÉ AU CENTRE DE LA PETITE PLACE DU HAMEAU, GILLES DE SILLÉ LÈVE UNE BOURSE REMPLIE D'ÉCUS ET L'AGITE SANS MOT DIRE.

UNE PETITE FORTUNE CETTE FOIS. HUM! IL VA SÛR Y AVOIR UNE BONNE FEMME POUR LUI MENER SON GAMIN.

MA FOI, À CE PRIX, IL SERA BIEN AISE DE DEVENIR PAGE!... ET PUIS CE SERA UNE BOUCHE EN MOINS À NOURRIR!

ENFIN...

TU L'AS BIEN ÉPOUILLÉ ET LAVÉ, AU MOINS?

POUR SÛR, MESSIRE, ET JE LUI AI MIS SES PLUS BEAUX AFFÛTIAUX. VAS-Y, CHANCEUX!...

(1) DIT POUR UNE BARBE TRÈS NOIRE, AUX REFLETS BLEUS.

LORSQUE LES CAVALIERS S'ÉLOIGNENT, PERSONNE N'OSE PLUS REGARDER L'ENFANT QUI SE TIENT À CALIFOURCHON SUR LE CHEVAL DE GILLES DE SILLÉ, PETIT D'HOMME SI FIER ET TELLEMENT FRAGILE !

CEPENDANT, À DES LIEUES DE LÀ...

EH BIEN, MES BRAVES AMIS, JE SUIS D'ACCORD POUR RÉPARER VOS BÂTIMENTS. EN CE CAS, POINT N'EST BESOIN DE PLANS : CE SERAIT PERDRE MOULT TEMPS. IL FAUT ALLER AU PLUS PRESSÉ.

EN DEHORS DU LABEUR NORMAL DE LA FERME, IL FAUDRA TAILLER LA PIERRE, TOURNER LE CIMENT, DRESSER LES ÉCHAFAUDAGES, PORTER LES MATÉRIAUX ET TANT QUE CES TRAVAUX NE SERONT PAS TERMINÉS TENIR CHAQUE NUIT SOLIDE GARDE. CE SERA PÉNIBLE POUR FEMMES ET ENFANTS QUE VOUS ÊTES PRESQUE TOUS.

HO! IL Y A CÉANS FEMELLES ET JEUNOTS QUI ONT SOLIDES POIGNES ET COURAGE À RABATTRE. DIS CE DONT TU AS BESOIN ET NOUS TÂCHERONS DE LE QUÉRIR.

MERCI, DAME MARTHE. TU AURAS LE DÉTAIL DE TOUT CELA AVANT LA NUIT. JE VAIS ALLER L'ESCRIRE DANS MA CHAMBRE.

TA CHAMBRE ! JHEN, ICI, LA PLACE EST COMPTÉE ET CHACUN DOIT PARTAGER ... À TON ÂGE, IL SERAIT DOMMAGE DE LOGER AVEC VIEILLARD, MAIS EN REVANCHE ...

UNE GENTE DONZELLE COMME CETTE PERRINE-LÀ S'OCCUPERA BONNEMENT DE TES AFFAIRES. QU'EN DIS-TU ? HEIN ?...

QU'ELLE EST BIEN AVENANTE ET A FORT BEAU MINOIS ; JE L'AVAIS REMARQUÉ. MAIS JE NE VOUDRAIS POINT ABUSER DE ...

ABUSER ! HA ! HA ! MAIS SI GARÇON, TIENS !

CLAC

7

9

AVEC UNE PRUDENCE ET UN SILENCE EXTRA-ORDINAIRES, UN GROUPE D'ENFANTS SORT DES FOURRÉS PUIS S'AVANCE VERS LE MUR D'ENCEINTE DE LA FERME...

...QU'ILS GRIMPENT AVEC UNE AGILITÉ FÉLINE.

ARRIVÉS SUR LE CHEMIN DE RONDE, ILS RAMPENT ALORS VERS L'ÉCHAUGUETTE.

TANDIS QUE DANS LA FERME...

HUM! JE SUIS VENU BIEN TARD!... LA MIGNONNETTE DORT ET IL SERAIT MALSÉANT DE...

TU AS ENTENDU?... CELA VENAIT DU REMPART SUD! C'EST LÀ QUE JEANNERET ET LAURENT MONTENT LA GARDE.

MA FOI! TU AS RAISON!... MILLE TONNERRES!

LA CLOCHE, VITE! VITE! À LA PORTE DE LA CHAPELLE.

DONGUELONG DONGUELONG DONGUELONG

ET PEU APRÈS...

ÇÀ! PAR LES CORNES DU DIABLE, UNE MEUTE DE JEUNES PILLARDS EN LOQUES! AH! LES MALHEUREUX!

À MANGER! À BOIRE!... TOUT DE SUITE, OU JE L'ÉGORGE!

ÉCOUTE, C'EST TOI LE CHEF?!... CET ENFANT A TON ÂGE ET...

PLUS UN PAS!...

9

11

LE LENDEMAIN, LA PETITE TROUPE D'ENFANTS QUITTE LA FERME, LES UNS AVEC DES VÊTEMENTS RAPIÉCÉS, LES AUTRES AVEC DES CHAUSSURES RÉPARÉES MAIS TOUS BIEN LAVÉS ET NANTIS DE PROVISIONS.

CEPENDANT C'EST LE CŒUR PLEIN D'AMERTUME QUE JHEN LES VOIT S'ÉLOIGNER.

QUEL MALHEUR DE NE POUVOIR FAIRE DAVANTAGE POUR CES MALHEUREUX ! ILS SONT SI JEUNES.

EN EFFET, CERTAINS SONT TELLEMENT PETITS QUE LES AÎNÉS DOIVENT LES PORTER MALGRÉ LA BONNE NUIT DE REPOS.

QUELLE ÉPOQUE ! QUELLE TRISTESSE !

TU ES LA BONTÉ MÊME, JHEN. EN NOTRE TEMPS, C'EST PEUT-ÊTRE FAIBLESSE... MAIS ALLONS AU TRAVAIL.

CEPENDANT TOUT LE JOUR JHEN GARDE LE VISAGE SÉVÈRE ET LE SOIR, AU REPAS, IL NE SOUFFLE MOT RENDANT AINSI L'ATMOSPHÈRE MOROSE.

LA NUIT VENUE, IL S'ENFONCE DANS SES COUVERTURES ET NE BOUGE PLUS, COMME S'IL ÉTAIT SEUL DANS LA CHAMBRETTE.

ET LE TEMPS PASSE... LES TRAVAUX DE RÉFECTION DES MURS AVANCENT BIEN LORSQU'UN SOIR...

JHEN ! VIENS VOIR... LÀ-BAS !

PAR LA VIERGE SAINTE, LA TROUPE DE JEUNOTS DE RETOUR ! ... MAIS ILS NE SONT PLUS TANT ! QUE LEUR EST-IL ARRIVÉ ?...

11

QUELQUES INSTANTS PLUS TARD, DAME MARTHE, JHEN ET PLUSIEURS AUTRES SONT À LA PORTE POUR ACCUEILLIR LES PETITS VAGABONDS.

DIANTRE!? QUE VOUS EST-IL ADVENU? CERTAINS D'ENTRE VOUS NE SONT POINT LÀ.

ILS ONT DISPARU!... NOUS ÉTIONS DANS UN VILLAGE, PRÈS DU CHÂTEAU DE MACHECOUL... ON NE LES A PLUS REVUS!

UNE VIEILLE FEMME A PROMIS DE L'OR À JOSEPH ET BERNARD, PUIS DES HOMMES EN NOIR ONT ENTRAÎNÉ DANIEL ET RENAUD. DEPUIS!... ALORS, SANS NOS AÎNÉS NOUS AVONS EU PEUR ET ON EST REVENUS.

VOUS AVEZ BIEN FAIT. VENEZ.

AINSI, SANS TROP SAVOIR COMMENT LA FERME VA SUPPORTER CETTE CHARGE SUPPLÉMENTAIRE, TOUS PÉNÈTRENT DANS LA COUR.

NOUS ALLONS DISPOSER BONNES PLACES POUR VOUS TOUS. AUJOURD' HUI VOUS REPOSEREZ MAIS APRÈS, IL FAUDRA TRAVAILLER CAR, ICI, CHACUN DOIT MÉRITER LA NOURRITURE ET LE GÎTE.

LE JOUR SUIVANT, JHEN ET LES ENFANTS DÉBROUSSAILLENT UN LOPIN DE TERRE CAR IL FAUT BIEN CULTIVER PLUS POUR ALIMENTER CES NOUVELLES BOUCHES.

IL A BIEN FALLU AUSSI DOUBLER LA TABLE DE LA PIÈCE À MANGER.

QUE LE SEIGNEUR DIEU SOIT REMERCIÉ POUR CE REPAS. MAINTENANT TOUS AU LIT. ALLEZ, OUSTE!... TOI, JHEN, RESTE UN MOMENT AVEC MOI.

ALORS?

J'AI QUESTIONNÉ LONGUE-MENT CES JEUNETS ET MA CONVIC-TION EST FAITE; CE SONT LES GENS DE GILLES DE RAIS QUI ONT DÉROBÉ CES ENFANÇONS... ILS NE L'ONT PAS NOMMÉ AINSI D'AILLEURS MAIS "BARBE-BLEUE"!...

14

"BARBE-BLEUE"!? POURQUOI ?...

J'AI OUÏ DIRE, VOICI UN TEMPS, QUE CHAQUE FOIS QU'UN ÉTRANGE CAVALIER MONTANT UN CHEVAL BARBE À LA ROBE BLEU NUIT, TRAVERSAIT UN VILLAGE, UN ENFANÇON DISPARAISSAIT !... D'AUTRES RUMEURS PRÉTENDENT QUE CE CHEVAU-CHEUX PORTAIT UNE BARBE NOIRE AUX REFLETS AILE DE CORBEAU. VOILÀ POUR "BARBE-BLEUE", MAIS NUL N'A JAMAIS OSÉ PRONONCER LE NOM DE GILLES DE RAIS...CEPENDANT BEAUCOUP DOIVENT Y PENSER !

ET TU N'AS RIEN FAIT POUR CHANGER ÇA, TOI, SON AMI ?... AAH ! EH BIEN, IL ME FAUDRA DONC ALLER VOIR CE BEAU SIRE DE PLUS PRÈS : J'AI À LUI DIRE... AUPARAVANT, IL EST PRESSANT D'ACHE-VER NOS TRAVAUX CAR JE NE PUIS PARTIR SANS QUE NOS DÉFENSES SOIENT ASSURÉES.

CHANGER GILLES DE RAIS ! QUELLE FOLIE!... MAIS VOUS POUVEZ TOUJOURS ESSAYER ; DIEU SAIT !? QUANT À L'OUVRAGE RESTANT, NOUS LE TERMINERONS.

ALORS LES JOURS SUIVANTS, PRESQUE TOUS LES BRAS VALIDES SONT OCCUPÉS À CREUSER LE SOL AUTOUR DE L'ENCEINTE FORTIFIÉE AFIN DE RETROUVER LES ANCIENNES DOUVES ...

LABEUR ÉPUISANT POUR LEQUEL LES EN-FANTS NE MÉNAGENT POINT LEUR PEINE.

PUIS, UN SOIR, LES ÉTAN-ÇONS QUI TIENNENT LES EAUX SONT ATTEINTS.

NOUS AVONS RÉUSSI. VICTOIRE !

OUI MAIS IL FAUDRA ENCORE UNE BONNE JOURNÉE DE TERRASSEMENT.

CEPENDANT, IVRES DE FATIGUE, CERTAINS GAR-ÇONNETS S'EFFONDRENT ET DORMENT D'UN COUP.

AH ! DAME MARTHE, IL EST GRAND TEMPS QUE TOUT CELA PRENNE FIN.

POUR SÛR ! DEMAIN IL RESTERA À REMPLIR D'EAU CES FOSSÉS, PUIS NOUS IRONS VOIR CE "BARBE-BLEUE".

15

17

J'AI OCCIS DES MARAUDS DE TON GENRE POUR MOINS QUE CELA.

EH BIEN VAS-Y! QU'ATTENDS-TU?

PEUH!...INUTILE DE NOUS SOUILLER AVEC CETTE SORTE DE CANAILLES. VIENS!

ET DEHORS...

A VOUS REVOIR MES SEIGNEURS!

SALUT L'AMI! DIS, IL ME SEMBLE AVOIR DÉJÀ VU QUELQUE PART LA TÊTE DE CE GÊNEUR.

TU CROIS!? MA FOI C'EST BIEN POSSIBLE!

HAH! REGARDEZ-LES S'ENCOURIR LA MINE BASSE.

VILAINE ENGEANCE. QU'ILS S'EN AILLENT AU DIABLE.

LOUÉ SOIS-TU GARÇON. TU ES UN BRAVE.

HUM! J'ENRAGE D'AVOIR QUITTÉ CETTE AUBERGE DE TELLE FAÇON. ET PUIS NOUS ALLONS REVENIR BREDOUILLES.

NON POINT. REGARDE, LA MEFFRAYE A FAIT BONNE PRISE. HÉ! HÉ!

EH BIEN, POUR FÊTER JOYEUSEMENT CET ÉVÉNEMENT, J'OFFRE À BOIRE À TOUS.

VIVE LE TAVERNIER!

BÉNI SOIT-IL!

AUSSITÔT L'AMBIANCE MONTE DE PLUSIEURS TONS; LES CHOPES, LES GOBELETS ET LES POTS S'ENTRE-CHOQUENT AVEC ALLÉGRESSE.

À TA BONNE SANTÉ L'AMI. QUEL BON VENT T'A DONC POUSSÉ JUSQU'ICI?

HEU!...JE CHERCHE BONNE COMPAGNIE QUI VOUDRAIT JOUER UNE SOTIE QUE J'AI IMAGINÉ ET QUE JE BRÛLE D'ÉCRIRE.

UNE SOTIE! HÉ! NOUS SOMMES BATELEURS ET CHERCHONS BONNE PIÈCE À JOUER.

ET QUE RACONTE CETTE COMÉDIE? QUEL EST SON TITRE?

ÇA EUH!...J'AVAIS D'ABORD PENSÉ À "BARBE-BLEUE" MAIS JE CROIS QUE LE "MYSTÈRE DU LOUP-GAROU" SERAIT MIEUX.

PARFAIT! TOPE-LÀ MON GAILLARD.

17

19

QUELQUES JOURS PLUS TARD, A MACHECOUL, UNE LUMIÈRE GRISE SE LÈVE SUR LE VILLAGE AU PIED DE LA MASSE SOMBRE DU CHÂTEAU D'OÙ MONTE, COMME PRESQUE CHAQUE MATIN, UNE FUMÉE NAUSÉABONDE.

TANDIS QUE DANS LE FIN FOND D'UNE TOUR...

IL N'Y A PLUS PLACE...Y METTRE ENCORE CELUI-LÀ EST IMPOSSIBLE!

C'EST MA FOIS VRAI! ALLONS EN AVISER LE MAÎTRE.

ET PEU APRÈS...

C'EST COLLET, MESSIRE. IL A PAROLES IMPORTANTES À VOUS DIRE.

EH BIEN QU'IL ENTRE. IL N'Y A NUL SECRET POUR CES MIGNONNETS.

C'EST QUE... BON!

VOILÀ, MESSIRE. IL EST...EUH!... LA TOUR NORD EST REMPLIE. IMPOSSIBLE DE...

CONTRARIANT!...METS CELA DANS LA TOUR OUEST, LA PREMIÈRE.

C'EST LA GRANDE OUBLIETTE!

PEU IMPORTE.. ET POUR CE SOIR?

RIEN. VRAIMENT RIEN ...À MOINS QUE CEUX-LÀ ...

JAMAIS!..JAMAIS. HUM! ALORS ORGANISE UNE DISTRIBUTION DE VIVRES À LA POTERNE, COMME D'HABITUDE.

ET EN FIN D'APRÈS-MIDI.

HO! PAS DE BOUSCULADE. CHACUN À SON TOUR. LES ENFANÇONS D'ABORD.

NON, PAS CEUX-LÀ, ILS SONT VRAIMENT TROP LAIDS... LÀ-BAS, CE GENTILLET AU CHEVEL CHÂTAIN. TU VOIS?

OUI.

MAIS SOUDAIN...

UNE TROUPE AMBULANTE.

QU'EST-CE DONC?

DES COMÉDIENS!...

18

20

CE VILAIN ANIMAL AVAIT POIL ROUX ET BARBE NOIRE. IL SEMAIT FOLLE ANGOISSE DANS LE COMTÉ OÙ IL GÎTAIT.

IL AIMAIT À RAVIR LES DOUX ENFANÇONS, PARTICULIÈREMENT LES GARÇONS QU'IL ATTIRAIT AVEC MILLE MALICES...

UNE FOIS LES JEUNOTS DANS SES GRIFFES, IL ALLAIT SE CACHER DANS L'UN DES SOMBRES CASTELS QU'IL POSSÉDAIT EN CETTE RÉGION.

CETTE HISTOIRE EST HORRIBLE! QU'EN PENSES-TU, GILLES?

MA FOI, JE N'AIME GUÈRE LE TOUR QU'ELLE PREND; MAIS ÉCOUTONS!

OR ÇA, LORSQU'IL AVAIT PASSÉ HONTEUSE NUIT DANS SON ANTRE CE LOUP-GAROU EN SORTAIT AVEC PETITS CORPS AFFREUSEMENT MUTILÉS, LES GARGAMELS TRANCHÉS.(1)

ALORS POUR CACHER TANT D'INFÂMES FORFAITS, LE LOUP-GAROU ALLAIT RÔTIR LES CADAVRETS DANS HAUTE CHEMINÉE ET LES VILLAGES AVOISINANTS ÉTAIENT EMPUANTIS PAR FUMÉES NAUSÉABONDES.

SOUDAIN LE RÉCITANT SE TAIT ET UN ÉTRANGE SILENCE PÈSE SUR L'ASSEMBLÉE. BOUCHE BÉE LES PAYSANS REGARDENT ALTERNATIVEMENT LA SCÈNE ET LE SIRE DE RAIS...

...QUI SE LÈVE D'UN COUP, LE REGARD FULGURANT.

EN VOILÀ ASSEZ! CETTE COMÉDIE EST STUPIDE ET PLEINE DE FOLLES INVRAISEMBLANCES. TAISEZ-VOUS!... JE VOUS CHASSE ET INTERDIS SÉJOUR SUR MES TERRES. EMBALLEZ VOS HARDES ET DÉCAMPEZ OU JE VOUS FAIS BOUTER DEHORS À COUPS DE LANCES... QUANT À VOUS, MES GUEUX, REGAGNEZ VOS MASURES SANS PLUS TARDER. VOS OREILLES ONT ENTENDU SUFFISAMMENT D'ÂNERIES POUR CE SOIR.

NON!... UN INSTANT, GILLES! TU NE T'EN TIRERAS PAS DE LA SORTE!

(1) GORGES COUPÉES.

23

C'EST MOI, JHEN... IL A BIEN FALLU QUE JE MONTE CETTE SOTIE POUR TE FAIRE COMPRENDRE, A' TOI QUI N'AS POINT VOULU OUÏR VÉRITÉ, QU' IL EST BON TEMPS DE CHASSER MAUVAIS DÉMONS...

JHEN, TU FUS HONNESTE COMPAGNON ET CETTE FARCE EST INDIGNE DE QUELQU'UN A' QUI JE PORTAIS AFFECTION.

JUSTEMENT, GILLES, C'EST L'AMITIÉ QUI M'A FAIT AGIR ET TU NE PEUX TE DÉROBER DAVANTAGE. IL EST TEMPS D'AVOIR EXPLICATION FRANCHE.

JAMAIS!... VENEZ, MES GARCONNETS; ALLONS NOUS RÉCHAUFFER PRÈS D'UN BON FEU. CET HISTRION OUBLIE QU'IL S'ADRESSE A' UN MARÉCHAL DE FRANCE. VENEZ!

VA-T'EN SANS DÉLAI AVANT QUE N'ÉCLATE MA COLÈRE ET NE REVIENS JAMAIS CÉANS.

C'EST LÂCHETÉ QUE DE NE POINT VOULOIR M'ENTENDRE.

CAR "BARBE-BLEUE" C'EST TOI, GILLES. LE LOUP-GAROU QUI RAVAGE LES CAMPAGNES. C'EST TOI.

PAR LA MALEMORT, IL VA LE PAYER.

HO LA', GENTILSHOMMES ET GARDES, VENEZ ICI... JETEZ-MOI HORS LES MURS CES CANAILLES AVEC TOUTE LEUR BIMBELOCHERIE.

QUANT A' LUI, LIGOTEZ-LE ET QU'IL AILLE POURRIR DANS LE CUL-DE-BASSE-FOSSE LE PLUS PROFOND.

MAIS C'EST QUE...

VENEZ, MES MIGNONNETS. ALLONS MANGER BONNE FRICASSÉE POUR NOUS CHANGER LES HUMEURS.

22

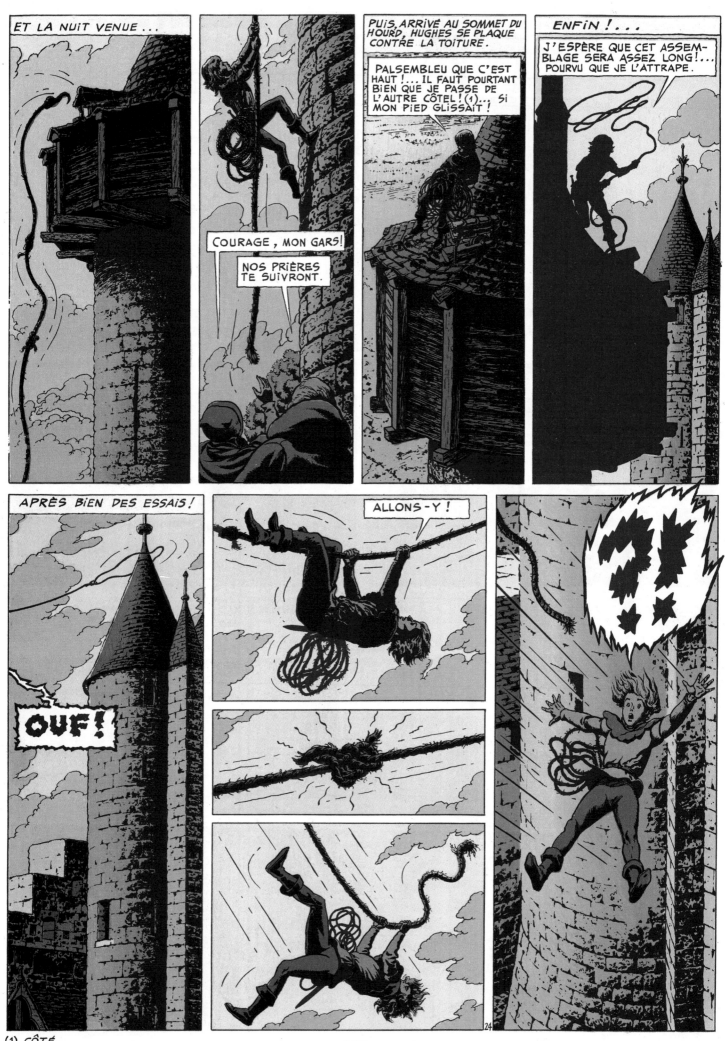

(1) CÔTÉ.

DZINGG

QUE?...QU'EST-CE?...HÉ!

MAIS EN VOILÀ UNE MANIÈRE DE CHOIR CHEZ LES GENS!... EN TOUS CAS, TU AS BONNEMENT DE LA CHANCE DE TOMBER DANS CE LIT DOUILLET SANS DORMEUR DEDANS! ALLEZ, MONTRE LE NEZ!

UN GAMINET! ÇA ALORS!?... COMMENT AS-TU FAIT POUR VOLER DANS LES AIRS ET PERCER VITRAIL?

JE...JE NE SAIS PAS TROP! EUH! DAME..?...

HA! HA! HA! QUE VOILÀ TIMIDE FRELUQUET! ON ENTRE COMME CELA, AVEC FRACAS, CHEZ DAMOISELLE, AU MITAN DE LA NUIT! HA! HA! HA! MAIS QUE VIENS-TU DONC FAIRE ICI, MON MIGNONNET?

...LOUISA, LAISSE-LE ET VA REJOINDRE TA COUCHE. CELA CACHERA CES APPAS QU'IL N'EST PAS TOUJOURS BON D'EXHIBER DE LA SORTE... HÉ! L'ENFANÇON, VIENS AVEC MOI CAR UN GENTILLET COMME TOI N'EST GUÈRE EN SÉCURITÉ DANS CE CHÂTEAU.

MAIS, AU MÊME MOMENT DANS LE FOND DE L'OUBLIETTE DE LA TOUR VIEILLE.

...VOILÀ, JE CROIS QUE J'EN AI EN SUFFISANCE, ET AIGUISÉS À SOUHAIT... CES PAUVRES ENFANTELETS N'AURAIENT PU IMAGINER QUE LEURS OSSEMENTS SERVIRAIENT DE POIGNARDS! ENFIN!... JE N'AVAIS GUÈRE LE CHOIX!

ET L'ESCALADE COMMENCE À TÂTONS, LENTE ET PÉNIBLE...

CEPENDANT DANS UN COULOIR...

?

CHUUT!...POINT DE BRUIT! ...IL Y A SOUVENT GARDE DORMEUR BARRANT LE CHEMIN!

28

29

ALORS PENDANT QUE JHEN ET HUGUES AVANCENT PÉNIBLE-
MENT DANS LE SOUTERRAIN...

QUELLE HUMIDITÉ !

POURVU QUE LE CIERGE DURE JUSQU'AU BOUT !

...LA FEMME À REGA-GNÉ SA CHAMBRE.

HÉ ! ME VOICI DE RETOUR. JE SAIS FORT QUE TU FAIS SEMBLANCE DU SOMMEIL MAIS JE TE DONNE QUAND MÊME CONSEIL DE TENIR BONNEMENT TA LANGUE SUR L'AFFAIRE DE CETTE NUIT... AUTREMENT TU RETOURNERAIS À CETTE FERME OÙ TU ÉTAIS VILAINEMENT ROSSÉE.

ET EN PLEINE NUIT...

VOILÀ ! ILS NOUS ONT OUÏ : UNE LUMIÈRE S'ALLUME !

ENFIN...

AH ! ENFIN ! QUE J'AI EU CRAINTE !

HUGUES, MON PETIOT ! QUEL COURAGE TU AS EU, C'EST ADMIRABLE !

ALORS, LE MATIN, À LA POINTE DE L'AUBE, DAME MARTHE, JHEN ET HUGUES S'EN VONT PRÉCIPITAMMENT DE MACHECOUL.

TANT ET SI BIEN QU'AU MILIEU DU JOUR ILS ARRIVENT À DESTINATION.

VOYEZ, NOS AMIS ET ENFANÇONS ACCOURENT. IL N'Y A PAS EU PÉRIL DURANT NOTRE ABSENCE. TOUT VA BIEN !

LE DANGER EST PEUT-ÊTRE À VENIR !

TANDIS QU'AU MÊME MOMENT...

C'EST AFFAIRE À MENER VIVEMENT. LE TEMPS DE REPRENDRE LE FUGITIF ET, CETTE FOIS, L'ENCHAÎNER FORTEMENT À PRISON SCELLÉE.

30

PEU APRÈS, LA COLONNE DU SIRE DE RAIS S'ALLONGE DANS LA CAMPAGNE DE MACHECOUL ET TANDIS QUE LES RICHES TISSUS MIROITENT A' LA LUMIÈRE, LES ARMES SCINTILLENT EN DE SOMBRES ÉCLATS SUR UN FOND DE CIEL QUI S'OBSCURCIT, AU LOIN.

CEPENDANT A' LA FERME FORTIFIÉE DE FONTGRANDE DAME MARTHE ET JHEN ONT RÉUNI TOUT LEUR PETIT MONDE.

VOILA', MES AMIS, JE VOUS AI CONTÉ LES RISQUES QUE NOUS ENCOURONS. SI CERTAINS D'ENTRE VOUS DÉSIRENT S'EN ALLER ILS LE PEUVENT.

JAMAIS !

OÙ VEUX-TU QUE NOUS ALLIONS !?

NOUS DÉFENDRONS FONTGRANDE JUSQU'A' LA MORT.

MERCI. JE N'EN ATTENDAIS PAS MOINS DE VOUS, GENTILS COMPAGNONS.

ALORS CHACUN VA AVOIR POSTE ET CHARGE. JHEN VA LES DÉSIGNER.

ET DANS LA COUR ...

DONC VOUS AVEZ TOUS BIEN OUÏ : A LA MOINDRE ALERTE, AUX REMPARTS. EN ATTENDANT, LA PREMIÈRE ÉQUIPE IRA CÉANS AUX CHAMPS AVEC MOI.

AINSI UNE PARTIE DE LA JOURNÉE SE DÉROULE EN TRAVAUX UTILES.

LORSQUE ...

LA PLUIE !.. PAR TOUS LES SAINTS GAGNONS L'ABRI. VITE !

OUF ! QUELLE AVERSE ! ÇA VA LES ENFANTS, PAS TROP MOUILLÉS ?

QUAND MÊME !

MAIS PLUS HAUT ...

HÉ ! REGARDE ! QU'EST-CE QUE C'EST, LÀ-BAS ?

ON DIRAIT UNE TROUPE D'AMBULANTS !?

C'EST LA' DEVANT, MESSIRE: LA FERME DE FONTGRANDE.

ON DISTINGUE MAL!

QUELQUE PEU! HUM, MALEMENT FORTIFIÉE: L'AFFAIRE D'UN ASSAUT.

SOUDAIN...

TOUQUOUTT

CES GUEUX SONT SUR LEUR GARDE: ILS ONT LEVÉ LEUR PONT-LEVIS.

ALLONS VOIR CELA DE PRÈS.

CONNÉTABLE, QUEL ÉQUIPAGE POUR VENIR FORCER HUMBLE FERME QUI N'EST POINT SUR TES TERRES.

ELLES SONT JE CROIS À RENÉ DE LA SUZE, MON RIDICULE FRÈRE. AUTANT DIRE RIEN!

ALORS, LES MINABLES QUE NOUS SOMMES, SUR LES TERRES DE TON MINABLE FRÈRE, AVEC LEURS ARMES MINABLES VONT SE DÉFENDRE JUSQU'AU BOUT CONTRE TES GENS D'ARMES, SOIS-EN CERTAIN.

À MOINS QUE TU NE PRÉFÈRES UN COMBAT LOYAL ENTRE NOUS DEUX?

JE VAIS AVISER. DE TOUTE FAÇON CE TEMPS DU DIABLE NE PRÊTE POINT À EN DÉCOUDRE. NOUS ATTENDRONS DONC TEMPS MEILLEUR EN SURVEILLANT CES MURS.

ET COMME DIT, LE MARÉCHAL DE RAIS SERRE LE SIÈGE AUTOUR DE LA FERME SOUS UNE PLUIE BATTANTE.

QUELLE ABOMINATION! NOUS ALLONS ENFONCER JUSQU'AUX GENOUX EN CETTE BOUE.

IL SUFFIRA DE JETER FAGOTS ET PLANCHES EN UN SEUL ENDROIT ET CES VILAINS NE RÉSISTERONT GUÈRE.

D'AUTANT QUE, SI J'AI BONNEMENT OBSERVÉ, CE SONT DES JEUNETS POUR LA PLUPART.

DES ENFAN-ÇONS! TIENS TIENS!?

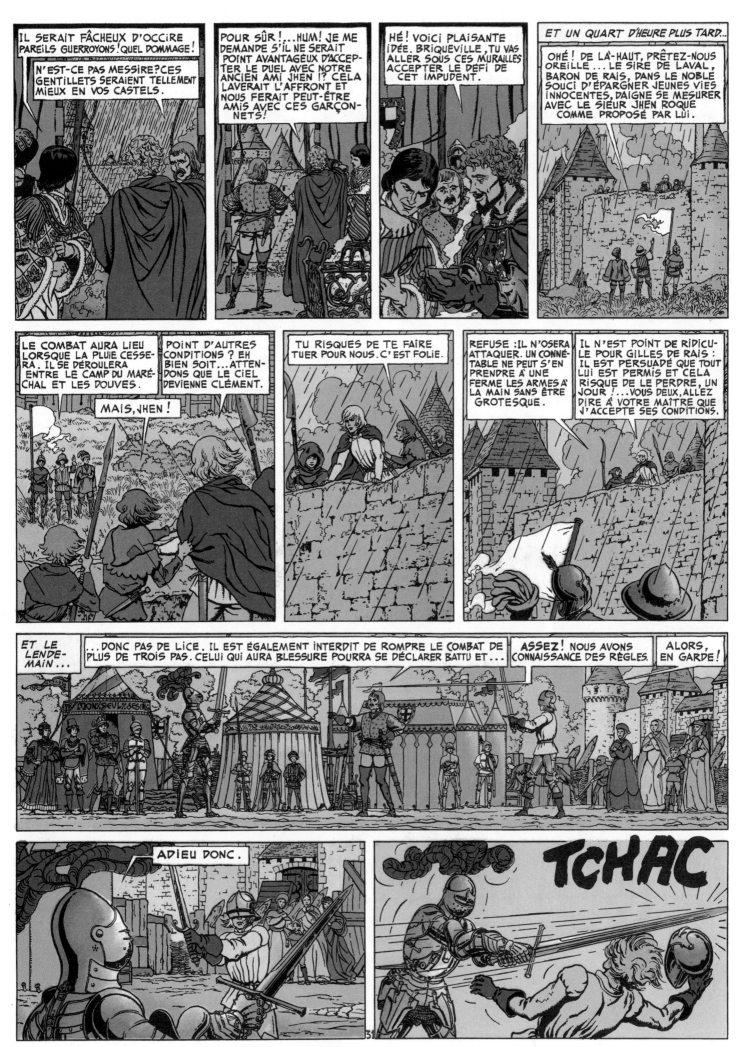

MON BON AMI JHEN, LE CUL À L'EAU !... HA! HA! HA!... VOICI L'AFFRONT BIEN LAVÉ... HA! HA! HA! MAIS NE RESTE POINT LÀ-DEDANS, TU VAS ATTRAPER MAUVAISE FIÈVRE. VIENS, JE VAIS T'AIDER.

ET PEU APRÈS...

QU'ON APPORTE DE L'HYPOCRAS AVEC DU VIN CHAUD ET DU MIEL POUR RÉCHAUFFER MON COMPAGNON.

ALLONS, IL FAUT OUBLIER CETTE MAUVAISE PASSE ET JE SUIS FORT AISE QUE CETTE AFFAIRE SE SOIT TERMINÉE AUSSI BONNEMENT.

...JHEN, NOUS ALLONS FÊTER NOS RETROUVAILLES AVEC RIPAILLES ET BEUVERIE. TU INVITERAS TES GENS ET APRÈS CETTE VENTRÉE, JE PARTIRAI AVEC MES HOMMES.
CEPENDANT, IL M'EST VENU UNE IDÉE DONT JE T'ENTRETIENDRAI EN CHEVAUCHANT VERS TIFFAUGES, CAR J'ESPÈRE BEAUCOUP QUE TU VAS CHEMINER AVEC MOI.

J'Y RÉFLÉCHIRAI.

LE LENDEMAIN, ALORS QUE LE TEMPS S'ÉCLAIRE DAVANTAGE, LES GENS DE LA FERME SE TIENNENT AU BOUT DE LA TABLE, SOMPTUEUSEMENT GARNIE, SAUF JHEN À CÔTÉ DU MARÉCHAL.

QUELQUES-UNS DE TES JEUNES PROTÉGÉS, JHEN, FERAIENT DE TRÈS BONS PAGES. QU'EN DIS-TU?

JE DIS QUE C'EST FOLLE PENSÉE ET QU'IL EST SÉANT DE PARLER D'AUTRE SUJET.

ET PUIS DÉSORMAIS CES JEUNETS SONT À DAME MARTHE ET ELLE N'EST POINT FEMME À TE FOURNIR SEMBLABLE PROIE.

QU'À CELA NE TIENNE, J'AI MA BONNE CHAPELLE, MES ADORABLES PETITS CHANTEURS QUI...

QU'Y A-T-IL? QUE VEUX-TU, TOI?

MESSIRE, IL Y A LÀ UN JEUNE SEIGNEUR QUI VEUT VOUS ENTRETENIR. IL DIT QU'IL Y A URGENCE!

HÉ! MON FRÈRE RENÉ DE LA SUZE!... QUEL VENT CAPRICIEUX T'A DONC POUSSÉ JUSQU'ICI?

GILLES, VOUS ÊTES SUR MES TERRES ET SUIS VENU VOUS MANDER DE QUEL DROIT VOUS LES FOULEZ SANS MON ACQUIESCEMENT?

35

MAIS JE ME FICHE DE TON AVIS COMME DE MA PRE-MIÈRE CHAUSSE, MON BON FRÉROT ! UN CADET AUSSI FALOT QUE TOI N'A QU'UN DROIT, CELUI DE SE TAIRE ET DE DISPARAÎTRE DE LA VUE DE SON AÎNÉ SURTOUT LORSQU'IL L'IM-PORTUNE...ALORS, VA ! FILE !

DE QUEL DROIT ? JE ...

TU TRAÎNES, C'EST MALSAIN CAR SI TU M'ÉCHAUFFES TROP LES OREILLES JE SUIS FORT CAPABLE DE TE BOTTER LES FESSES...

...AU LIEU DE TE BOUSCULER DE LA SORTE. ET NE REPARAIS POINT DEVANT MOI AVANT UN TEMPS.

QUELQUES INSTANTS PLUS TARD LE MALHEUREUX DE LA SUZE S'ÉLOIGNE AVEC SA PETITE ESCORTE, LE REGARD FOU DE HAINE.

C'EST CE PAYSAN CROTTÉ M'AYANT CONDUIT ICI QUI EST ALLÉ ENSUITE QUÉRIR CE FOL DE RENÉ. BAH !

LE JOUR SUIVANT, ALORS QU'UN VENT FRAIS A LAVÉ LE CIEL, JHEN QUITTE FONTGRANDE.

JE REVIENDRAI, MES AMIS. À BIENTÔT.

PUIS, EN COMPAGNIE DU CONNÉTABLE, TOUT À LA JOIE, IL S'ÉLOIGNE VERS TIFFAUGES.

JE TE DISAIS DONC, L'AMI, QUE LE GRAND ŒUVRE ME PASSIONNE ET QUE DEPUIS DES MOIS J'AI ACQUIS MANUSCRITS ET CORNUES.

SOUDAIN ...

DIABLE ! QU'EST-CE CELA ?

LE GUEUX QUI A SERVI DE GUIDE ! EH BIEN MON BON FRÈRE L'A REMER-CIÉ DE GENTE FAÇON !...

34

36

VIVANT OU MORT, IL GÊNE LE PASSAGE... TOI, PHILLIBERT, ÉCARTE-LE DU CHEMIN.

TCHAK

TCHAK

AUSSITÔT, COMME DES RESSORTS, LES ARBRES CONTRAINTS SE REDRESSENT D'UN COUP.

ALORS LE LOQUETEUX EST PROJETÉ DANS LES AIRS, ÉCARTELÉ ET DISTENDU PUIS DISPARAÎT DANS LES FEUILLAGES FRÉMISSANTS.

TOUT CELA EST FORT CRUEL !

OUI. LES TEMPS LE SONT ! LA GUERRE EST IMPITOYABLE... ET MON MINABLE FRÈRE EST PLUS FÉROCE ENCORE !

EN FIN D'APRÈS-MIDI, LA TROUPE CHAMARRÉE DU MARÉCHAL DE RAIS ARRIVE EN VUE DE TIFFAUGES.

ENFIN ! NOTRE BON CASTEL !

A L'ENTRÉE, LES SERVITEURS SE PRÉCIPITENT AVEC LE PAIN RITUEL MAIS LE BARON N'A D'YEUX QUE POUR LES JEUNES CHANTRES.

AH ! MES MIGNONNETS ! JE SUIS FORT AISE DE VOUS REVOIR. QUELLE PÉNITENCE D'ÊTRE PRIVÉ DE VOTRE AIMABLE COMPAGNIE.

BAILLE-MOI DONC CES PRÉSENTS, MA BELLE. SI CERTAINS LES NÉGLIGENT MOI, J'APPRÉCIE BONNEMENT.

LE PÈRE EUSTACHE BLANCHET, EXCELLENT MAGICIEN ET PRÊTRE UN PEU DÉFROQUÉ... MAIS À NOTRE ÉPOQUE, TOUT VA PLUTÔT DE TRAVERS. ALORS!...

LE LENDEMAIN, MALGRÉ UN TEMPS AGRÉABLE, LE BARON DE RAIS RESTE ENFERMÉ DANS SON LABORATOIRE AUX USTENSILES ÉTRANGES QUE LE PÈRE BLANCHET MANIPULE EN CONNAISSEUR.

CE TRAITÉ EST BIEN INSTRUCTIF, MAIS INSUFFISANT, FOI D'EUSTACHE. IL FAUDRAIT QUÉRIR MIEUX, BEAUCOUP MIEUX. CROYEZ-MOI.

INCIPIT BER.IIII.SCI JACOBI. APRE

EN TOUT CAS, JE PUIS VOUS ASSURER QUE C'EST MA BIEN MODESTE PERSONNE QUI A EMPÊCHÉ LE DÉMON D'IMPORTUNER DAVANTAGE LE MARÉCHAL.

AINSI SOIT-IL!

MAIS OÙ?... JE SUIS PRÊT À BAILLER LE PRIX QU'IL FAUDRA.

IL SE PEUT QUE L'OBJET DE NOS RECHERCHES SOIT BIEN PRÈS, MAIS IL SE PEUT AUSSI QUE CE SOIT TRÈS LOIN!

AU MÊME MOMENT, DANS LE LABYRINTHE DES BOCAGES DE LA BARONNIE.

ENFIN! EN VOICI UN!...IL EST GENTILLET À SOUHAIT.

HÉ! MON GARÇON, VEUX-TU BIEN SECOURIR UNE VIEILLE FEMME QUI S'EST PRIS LE PIED DANS LA BOUE. EN ÉCHANGE TU POURRAS GLOUTIR CETTE GÂTERIE.

ET VOILÀ!... DÉPÊCHEZ, VOUS AUTRES, IL GIGOTE COMME UN DIABLOTIN.

ENFIN, LE SOIR, À LA POTERNE SUD DU CHÂTEAU.

15 ÉCUS! CE N'EST GUÈRE POUR UNE SI BELLE PROIE!

C'EST LE PRIX, LA MEFFRAYE. ASSEZ POUR TA BESOGNE.

40

41

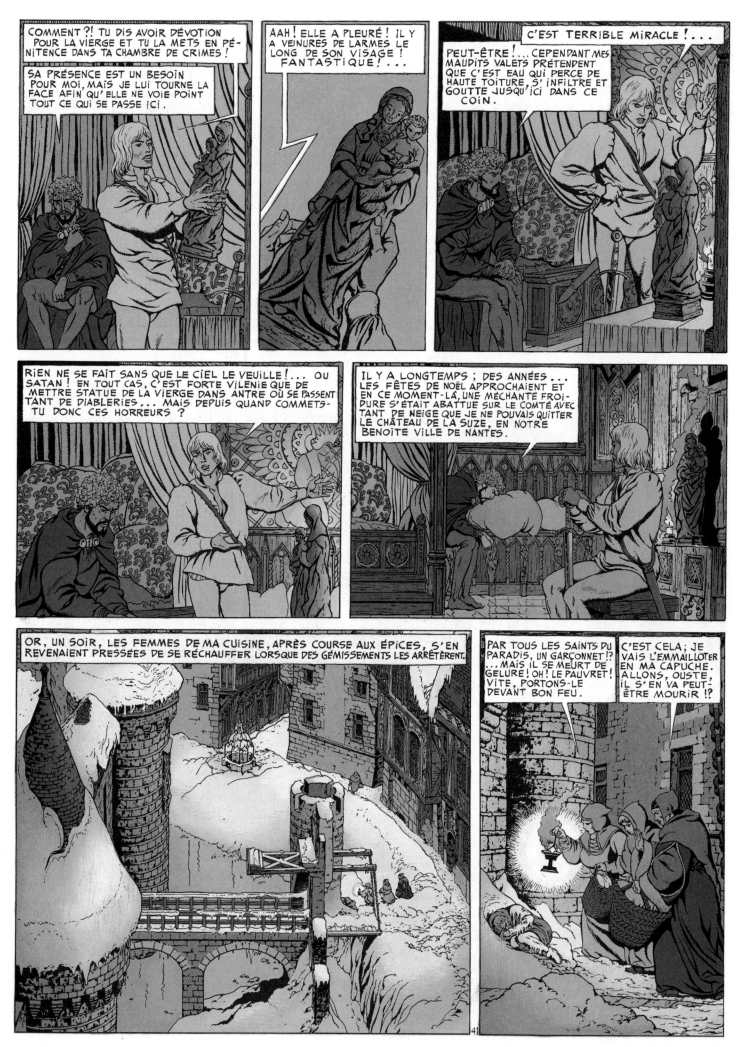

COMMENT ?! TU DIS AVOIR DÉVOTION POUR LA VIERGE ET TU LA METS EN PÉNITENCE DANS TA CHAMBRE DE CRIMES !

SA PRÉSENCE EST UN BESOIN POUR MOI, MAIS JE LUI TOURNE LA FACE AFIN QU'ELLE NE VOIE POINT TOUT CE QUI SE PASSE ICI.

AAH ! ELLE A PLEURÉ ! IL Y A VEINURES DE LARMES LE LONG DE SON VISAGE ! FANTASTIQUE !...

C'EST TERRIBLE MIRACLE !...

PEUT-ÊTRE !... CEPENDANT MES MAUDITS VALETS PRÉTENDENT QUE C'EST EAU QUI PERCE DE HAUTE TOITURE, S'INFILTRE ET GOUTTE JUSQU'ICI DANS CE COIN.

RIEN NE SE FAIT SANS QUE LE CIEL LE VEUILLE !... OU SATAN ! EN TOUT CAS, C'EST FORTE VILENIE QUE DE METTRE STATUE DE LA VIERGE DANS ANTRE OÙ SE PASSENT TANT DE DIABLERIES... MAIS DEPUIS QUAND COMMETS-TU DONC CES HORREURS ?

IL Y A LONGTEMPS ; DES ANNÉES... LES FÊTES DE NOËL APPROCHAIENT ET EN CE MOMENT-LÀ, UNE MÉCHANTE FROIDURE S'ÉTAIT ABATTUE SUR LE COMTÉ AVEC DE NEIGE QUE JE NE POUVAIS QUITTER LE CHÂTEAU DE LA SUZE, EN NOTRE BENOITE VILLE DE NANTES.

OR, UN SOIR, LES FEMMES DE MA CUISINE, APRÈS COURSE AUX ÉPICES, S'EN REVENAIENT PRESSÉES DE SE RÉCHAUFFER LORSQUE DES GÉMISSEMENTS LES ARRÊTÈRENT.

PAR TOUS LES SAINTS DU PARADIS, UN GARÇONNET !? ...MAIS IL SE MEURT DE GELURE ! OH ! LE PAUVRET ! VITE, PORTONS-LE DEVANT BON FEU.

C'EST CELA ; JE VAIS L'EMMAILLOTER EN MA CAPUCHE. ALLONS, OUSTE, IL S'EN VA PEUT-ÊTRE MOURIR !?

41

PEU APRÈS, L'ENFANÇON GISAIT DEVANT HAUTE CHEMINÉE ET REMUAIT À PEINE TELLEMENT LES GRIFFES DE LA MARÂTRE(1) L'AVAIENT ENSERRÉ.

OUF! SES JOUES ROSISSENT UN PEU... MARGOT, VERSE DE L'EAU TIÈDE DANS BASSINE, NOUS ALLONS LE RAGAILLARDIR.

ALORS, LES BRAVES FEMMES LE TREMPÈRENT DANS CUVE CHAUDE. LE PETIT MISÉREUX REPRIT VIE ET GLOUTIT EN MÊME TEMPS FORCE VICTUAILLES.

ELLES L'ESSUYAIENT ENCORE LORSQUE, PAR HASARD, JE FIS IRRUPTION DANS LA PIÈCE.

COMME ELLES EXPLIQUAIENT L'AFFAIRE, JE N'AVAIS D'YEUX QUE POUR CE JEUNE CORPS, NU, QUI MALGRÉ LES MALHEURS QU'IL AVAIT ENDURÉS GARDAIT GRANDE BEAUTÉ.

JE PRIS FUITE SANS EN OUÏR DAVANTAGE ET COURUS VERS LA CHAPELLE, CAR UNE BRUSQUE ENVIE DE LE MASSACRER PAR PLAISIR, M'AVAIT ENVAHI, FORTE COMME UNE LAME DE FEU.

EN AVANÇANT, MES REGARDS SE TROUBLAIENT D'IMAGES SANGUINOLANTES QUI M'EXCITAIENT ENCORE DAVANTAGE.

ENFIN, JE PARVINS AU PIED DE L'AUTEL OÙ JE HURLAIS MA DÉTRESSE À LA VIERGE... MON DÉSESPOIR ÉTAIT AUSSI VASTE QUE MA FURIE ET JE NE SAVAIS PLUS QUE FAIRE NI DIRE.

.. LORSQUE JE SAISIS LA STATUE À PLEINES MAINS, SOUDAIN LE CALME REVINT EN MOI ET, Ô BONHEUR, UNE PAIX DOUCE ET PROFONDE COULA EN MES VEINES, PUIS GAGNA MON CŒUR...
EXALTÉ DE JOIE, JE JURAI QUE LA BONNE DAME NE ME QUITTERAIT JAMAIS PLUS.

(1) LA MORT.

44

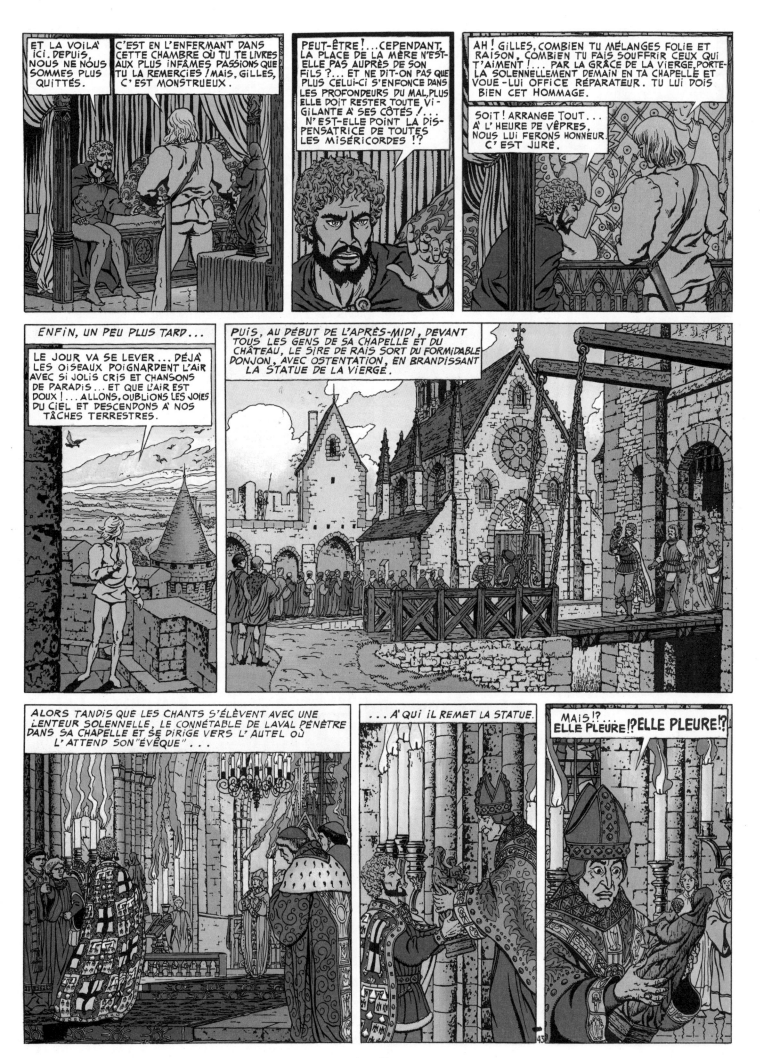

ET LA VOILÀ ICI, DEPUIS, NOUS NE NOUS SOMMES PLUS QUITTÉS.

C'EST EN L'ENFERMANT DANS CETTE CHAMBRE OÙ TU TE LIVRES AUX PLUS INFÂMES PASSIONS QUE TU LA REMERCIES ! MAIS, GILLES, C'EST MONSTRUEUX.

PEUT-ÊTRE !... CEPENDANT, LA PLACE DE LA MÈRE N'EST-ELLE PAS AUPRÈS DE SON FILS ?... ET NE DIT-ON PAS QUE PLUS CELUI-CI S'ENFONCE DANS LES PROFONDEURS DU MAL, PLUS ELLE DOIT RESTER TOUTE VIGILANTE À SES CÔTÉS !... N'EST-ELLE POINT LA DISPENSATRICE DE TOUTES LES MISÉRICORDES !?

AH ! GILLES, COMBIEN TU MÉLANGES FOLIE ET RAISON, COMBIEN TU FAIS SOUFFRIR CEUX QUI T'AIMENT !... PAR LA GRÂCE DE LA VIERGE, PORTE-LA SOLENNELLEMENT DEMAIN EN TA CHAPELLE ET VOUE-LUI OFFICE RÉPARATEUR. TU LUI DOIS BIEN CET HOMMAGE.

SOIT ! ARRANGE TOUT... À L'HEURE DE VÊPRES, NOUS LUI FERONS HONNEUR. C'EST JURÉ.

ENFIN, UN PEU PLUS TARD...

LE JOUR VA SE LEVER... DÉJÀ LES OISEAUX POIGNARDENT L'AIR AVEC SI JOLIS CRIS ET CHANSONS DE PARADIS... ET QUE L'AIR EST DOUX !... ALLONS, OUBLIONS LES JOIES DU CIEL ET DESCENDONS À NOS TÂCHES TERRESTRES.

PUIS, AU DÉBUT DE L'APRÈS-MIDI, DEVANT TOUS LES GENS DE SA CHAPELLE ET DU CHÂTEAU, LE SIRE DE RAIS SORT DU FORMIDABLE DONJON, AVEC OSTENTATION, EN BRANDISSANT LA STATUE DE LA VIERGE.

ALORS TANDIS QUE LES CHANTS S'ÉLÈVENT AVEC UNE LENTEUR SOLENNELLE, LE CONNÉTABLE DE LAVAL PÉNÈTRE DANS SA CHAPELLE ET SE DIRIGE VERS L'AUTEL OÙ L'ATTEND SON "ÉVÊQUE"...

...À QUI IL REMET LA STATUE.

MAIS !? ELLE PLEURE !? ELLE PLEURE !?

45

LE LENDEMAIN, ALORS QU'UN VENT COUPANT POUSSE DES NUAGES MENAÇANTS, UN CAVALIER LONGE UN DE CES INNOMBRABLES CANAUX QUI SILLONNENT LA VENDÉE...

HO-LÀ, L'HOMME ? J'AI ICI UNE STATUE DE LA VIERGE MARIE QUE JE NE PEUX GARDER CAR J'AI LONG VOYAGE À FAIRE... LA VEUX-TU ? ...ELLE PROTÉGERA BONNEMENT TA FAMILLE ET REMPLIRA SANS DOUTE TA MAISONNÉE DE MOULTES GRÂCES.

JE SUIS BIEN TROP MISÉRABLE POUR RECEVOIR CADEAU SOMPTUEUX... MAIS D'OÙ VIENT-ELLE DONC ?

DU COMTE DE LAVAL, LE SIEUR DE RAIS. JE L'AURAIS CONSERVÉE VOLONTIERS SI ELLE ÉTAIT PLUS PETITE... ALLONS, PRENDS.

QUEL BONHEUR VOUS ME FAITES LÀ : UNE STATUE, AUSSI JOLIMENT TOURNÉE ! MERCI, SEIGNEUR, MERCI.

ET PEU APRÈS...

ADIEU, L'AMI. JE SUIS FORT AISE DE T'AVOIR FAIT CE CADEAU... ADIEU !

ALORS, DURANT PLUSIEURS JOURS UNE PLUIE GLACÉE NE CESSE DE TOMBER, LANCINANTE, CLAQUEMURANT CHACUN DANS SON ANTRE... POURTANT, UN MATIN, UN HOMME CHEMINE À DOS D'ÂNE VERS LA MASSE SOMBRE DU CHÂTEAU DE TIFFAUGES.

ET DEVANT LA POTERNE...

PASSE PLUS LOIN, VILAIN GUEUX !

MAIS JE VIENS RAPPORTER AU SIRE DE RAIS CETTE STATUE DE LA BONNE VIERGE QU'UN GENTILHOMME M'A BAILLÉE VOICI QUELQUES JOURS. HÉLAS JE NE PUIS LA LAISSER CHEZ MOI... ELLE PLEURE !

ENFIN, APRÈS BIEN DES PALABRES...

POURQUOI CE TINTA-MARRE ?... QUI T'A AME-NÉ ICI, MANANT ?

LA SAINTE VIERGE, MESSIRE... CETTE BELLE STATUE M'A ÉTÉ DONNÉE PAR UN CAVALIER QUI M'A ASSURÉ QU'ELLE VENAIT DE CE CASTEL... JE L'AURAIS BIEN LAISSÉE CHEZ MOI MAIS ELLE PLEURE !... ALORS !...

EN ES-TU SÛR ?! TU AS DÛ PRENDRE DES GOUTTES DE CETTE PLUIE QUI NOUS ATTRISTE TANT POUR DES LARMES !

NENNI, MESSIRE. ELLE ÉTAIT BIEN AU SEC DANS LE FOND DE NOTRE MASURE ET MA FEMME ET MES ENFANTS ONT VU PLEURS COULER SUR SES JOUES DE BOIS.

AH! EH BIEN JE CROIS QUE RAISON TU AS EU DE ME LA RAPPORTER. JE TE REMERCIE. COMMENT T'APPELLES-TU ?...

GUILLAUME LAOUTRE, MESSIRE.

QUE L'ON DONNE DIX PIÈCES D'OR À CE GUILLAUME... VA.

À CE GUEUX ?! ENFIN ! ... OUVRE TA BESACE. LA BARBE-BLEUE EST GÉ-NÉREUSE, COMME DE COUTUME.

ET REVENU DANS SA CHAMBRE, GILLES DE RAIS SERRE FOLLEMENT LA STATUE...

MA BONNE VIERGE, TU ES DE RETOUR. QUEL BONHEUR !... JE VAIS TE REMETTRE OÙ TU PLEURES LE MIEUX POUR MES PÉCHÉS. NOUS ALLONS DÉSORMAIS PASSER VIE ENSEMBLE TOUT PRÈS L'UN DE L'AUTRE ET SI TU TE LANGUIS CONTRE CE MUR, J'IRAI SOUVENT ME CONSOLER PRÈS DE TOI. NOUS VOICI DONC INSÉPARABLES.

... PENDANT QUE LE PÊCHEUR S'EN RETOURNE SOUS LA BOURRASQUE.

... LA BARBE-BLEUE, A-T-IL DIT !? BAH, QU'IMPORTE. MA FEMME ET MES JEUNETS VONT ÊTRE TANT HEUREUX DE L'OR QUE JE LEUR APPORTE. MAIS OÙ ALLONS-NOUS LE CACHER ? COMMENT LE GARDER EN DEHORS DE TOUTE RAPINE ? LA VIERGE SAINTE M'AIDERA À TROUVER PLACE. ELLE M'A ÉTÉ SI BONNE !... POUR SÛR !

Fin

Imprimé en Belgique par Casterman, s.a., Tournai, août 1984. Nº édit.-impr. 1610.
Dépôt légal : mai 1984 : D. 1984/0053/62.
Déposé au Ministère de la Justice, Paris
(loi nº 49.956 du 16 juillet 1949 sur les publications destinées à la jeunesse).